Katrin Klöckner
Materialien und Kopiervorlagen
zur Klassenlektüre

Barbara Peters / Barbara Schulze Frenking

Der kleine Hirte

Hase und Igel®

Inhalt

www.hase-und-igel.de
Lektorat: Eva Christian
Illustrationen: Barbara Schulze Frenking, Uta Fischer (S. 29), Hendrik Kranenberg (S. 29)
Druck: Joh. Walch GmbH & Co. KG, Augsburg

ISBN 978-3-86316-287-0

Das Buch

Das Buch „Der kleine Hirte" stammt von Barbara Peters, die bereits zahlreiche Kinderbücher und Schullektüren – insbesondere für Leseanfänger – verfasst hat. Die Geschichte empfiehlt sich aufgrund ihres geringen Umfangs und der kurzen Sätze besonders für den Einsatz in der zweiten Jahrgangsstufe. Die großformatigen, farbenfrohen Bilder von Barbara Schulze Frenking helfen Leseanfängern, sich im Buch zurechtzufinden, und erhöhen die Motivation für das Erlesen der Sätze.

„Der kleine Hirte" eignet sich wegen seiner Thematik für den Einsatz im Deutsch- und Religionsunterricht während der Adventszeit. Das Buch handelt von dem Schafhirten Jakob, der deutlich kleiner ist als alle anderen Hirten. Die großen Hirten schließen Jakob anfangs aus und akzeptieren ihn nicht als Teil ihrer Gemeinschaft. Nur die Tiere halten zu Jakob: Die Schafe und Hunde wärmen ihn, wenn die großen Hirten Jakob nicht ans Feuer lassen.

Während alle anderen schlafen, holt Jakob seinen wertvollsten Besitz hervor: eine Kerze. Sie ist sein eigenes kleines Feuer und Jakob bemerkt, dass er im Licht der Kerze mit seinen Händen Schattenfiguren an die umliegenden Felsen werfen kann. Der kleine Hirte will seine Entdeckung mit den großen Hirten teilen. Doch diese wollen ihn nicht in ihrer Mitte haben und interessieren sich auch nicht für seine Schattenspiele.

Dann aber erscheint ein Engel und verkündigt die Geburt des Jesuskindes. Damit ändert sich alles. Die großen Hirten sind plötzlich nicht mehr stark und mutig, sondern fürchten sich. Jakob ist es, der auf dem Weg zum Stall freudig und mutig vorangeht. Als die Hirten vor der Krippe stehen, bemerken sie, dass sie kein Geschenk für Jesus haben. Wieder ist es Jakob, der Rat weiß: Er läuft zum nächsten Bauernhof, zündet dort am Herdfeuer seine Kerze an und eilt zurück in den Stall. Im Namen aller Hirten schenkt Jakob dem neugeborenen Kind seinen Schatz – das Licht der brennenden Kerze, die bei den großen Hirten anfangs keine Beachtung gefunden hat. Als Jesus Jakob daraufhin anlächelt, sind die großen Hirten sehr stolz auf den kleinen Hirten.

Das Material

Das vorliegende Material unterstützt Sie durch eine Vielzahl von hilfreichen Kopiervorlagen und Unterrichtsideen beim Einsatz des Buches als Klassenlektüre.

Da das Buch nicht in Kapitel unterteilt ist, habe ich es in Sinnabschnitte aufgeteilt, sodass Sie mit den Kindern Stück für Stück lesen können und jeweils entsprechende Kopiervorlagen und Unterrichtsvorschläge finden. In Ihrer Unterrichtsplanung können Sie dabei z. B. wochenweise vorgehen.

Im Lehrerteil finden Sie Hinweise und Lösungen zu den Kopiervorlagen sowie Schreib- und Gesprächsanlässe, Anregungen für (Bewegungs-)Spiele und Gestaltungsvorschläge. An den Lehrerteil schließen die Kopiervorlagen für die Schülerhand an. Neben Arbeitsblättern, mit deren Hilfe Sie das Textverständnis der Kinder für jeden Abschnitt überprüfen können, finden Sie für den Deutschunterricht beispielsweise Übungen zu den Wortarten, zur Steigerung von Adjektiven und zu den Personalformen des Verbs. Die Kopiervorlagen, die die Kinder dazu anregen, sich in Jakob und die Hirten hineinzuversetzen, eignen sich sowohl für den Einsatz im Deutsch- als auch im Religions- oder Sachunterricht sowie für den Klassenrat. Den Abschluss der Materialien bildet ein Krippenspiel, das auf dem Inhalt der Lektüre basiert. Sie können dieses mit den Schülern einüben und es beispielsweise bei der Weihnachtsfeier vor den Eltern und Geschwistern aufführen.

Die Symbole in der Kopfleiste der Kopiervorlagen machen auf einen Blick deutlich, welche Aktivitäten jeweils im Vordergrund stehen. Mit „forschen" ist hier vor allem der Bereich der Spracharbeit gemeint.

Ich wünsche Ihnen und Ihrer Klasse eine spannende Lektüre und viel Spaß mit den Materialien.

Katrin Klöckner

Das Buch im Unterricht

Vor der Lektüre

Zur Einstimmung auf die Lektüre nennen Sie den Titel des Buches und lassen die Schüler ein Titelbild malen. Klären Sie dazu gegebenenfalls den Begriff „Hirte".

Sammeln Sie mit den Kindern Ideen zum Inhalt der Geschichte. Warum könnte es wichtig sein, dass es um einen kleinen Hirten geht? Wie fühlt man sich manchmal, wenn man der Kleinste in einer Gruppe ist? Welche Vor- und Nachteile hat das? Welche Erfahrungen haben Ihre Schüler damit gesammelt?

Zeigen Sie dann das Titelbild der Lektüre. Welche Gemeinsamkeiten und Unterschiede finden sich zwischen diesem und den von den Kindern gemalten Bildern? Ändert das Bild etwas an den Ideen der Schüler zum Inhalt des Buches?

Seite 5 bis 9: **Jakob und die Hirten**

Inhalt

Jakob ist der kleinste der Hirten, die rund um Bethlehem ihre Schafe hüten. Wenn er sich abends zu den anderen Hirten ans Feuer setzen will, schubsen sie ihn weg und beschimpfen ihn. Nur die Schafe und Hunde sind seine Freunde.

Gesprächs- und Schreibanlässe

Jakob ist der kleinste der Hirten, die rund um Bethlehem ihre Schafe hüten.

- Was ist die Aufgabe von Hirten?
- Wie sind Hirten angezogen? Was haben sie oft dabei?
- Wie leben Hirten?
- Gibt es auch heute noch Hirten?
- Hast du schon von Bethlehem gehört? Wo liegt die Stadt? Wofür ist sie berühmt?

Wenn Jakob sich abends zu den anderen Hirten ans Feuer setzen will, schubsen sie ihn weg und beschimpfen ihn.

- Warum verhalten sich die Hirten so?
- Wie fühlt sich Jakob dabei?
- Warst du auch schon einmal in einer solchen Situation?
- Wie kann man mit so einer Situation umgehen?

Nur Schafe und Hunde sind Jakobs Freunde.

- Hast du Haustiere?
- Können Tiere Freunde sein?
- Wie unterscheidet sich die Freundschaft mit Tieren von der Freundschaft mit Menschen?

Hinweise zu den Kopiervorlagen

KV Seite 11

Jakob
Die Kinder lesen den ersten Abschnitt des Buches und kreuzen anschließend die passenden Sätze an. Dabei müssen sie sehr genau lesen, um die kleinen Unterschiede herauszufinden.

Lösung
SIE <u>SCHUBSEN</u> JAKOB WEG.

KV Seite 12

Das Leben der Hirten
Die Kinder lesen die Sachinformation auf dem Arbeitsblatt und verbinden sie mit den Informationen aus dem Buch. Das Nachdenken über die gestellten Fragen dient sowohl der Überprüfung des Textverständnisses als auch der Auseinandersetzung mit der Situation der Hirten zur Zeit Jesu im Allgemeinen und der Lage Jakobs im Besonderen.

Lösung
Aufgabe 2:

1. Die Hirten sollen ihre Tiere gegen Diebe und Raubtiere verteidigen. Sie führen sie dahin, wo sie frisches Gras finden, und achten darauf, dass kein Tier verloren geht.
2. Um aufzupassen, dass kein Schaf wegläuft, ist es nicht wichtig, groß und stark zu sein. Um die Schafe vor Dieben und Raubtieren zu schützen allerdings schon.

Weiterführende Anregung
Gestalten Sie mit den Kindern Schafe. Zeichnen Sie den Umriss eines Schafes in verschiedenen Größen auf schwarzes Tonpapier. Die Kinder schneiden die Körper aus und bekleben sie mit Watte oder umwickeln sie mit weißer oder schwarzer Wolle. Die Schafe werden dann an einer Wand oder einem Fenster zu einer Herde zusammengestellt.

Wärme
Die Kinder setzen sich mit dem Begriff „Wärme" im wörtlichen und im übertragenen Sinn auseinander. Es ist gut möglich, dass sie bei Aufgabe 1 unterschiedliche Lösungen finden. Es geht hier nicht um richtig und falsch, sondern darum, dass die Schüler ihre Lösung

begründen können. Außerdem sollten sie dazu angeleitet werden, die Begründungen anderer Kinder anzuhören und nachzuvollziehen. Verschiedene begründete Lösungen dürfen nebeneinander stehen bleiben. So kann eine Umarmung z. B. von innen und von außen wärmen.

Gleichzeitig ist es Ihre Aufgabe, sehr genau hinzuhören, wenn die Kinder berichten. Sind „Familie“, „Umarmung“ und „Nähe“ nicht positiv besetzt, kann das ein Hinweis auf Probleme im Umfeld des Kindes sein. In diesem Fall empfiehlt es sich, im Kollegium zu beraten, was das Kind eventuell braucht und welches weitere Vorgehen ratsam erscheint.

Lösung

Aufgabe 1:

z. B. Feuer, Wärmflasche, Kerze, Freundschaft, Nähe, Liebe, Familie, Heizung, Schafe, Freude, Umarmung

Aufgabe 2:

Warm wie Feuer: Wärmflasche, Kerze, Heizung, Schafe, Umarmung

Warm wie Liebe: Freundschaft, Nähe, Liebe, Familie, Freude, Umarmung

KV Seite 14

Jakobs Gefühle

Diese Kopiervorlage kann in jedem Abschnitt der Lektüre eingesetzt werden. Tragen Sie dazu bei Aufgabe 1 die Seitenzahlen des Buchabschnitts ein, der bearbeitet werden soll.

Zum Abschluss der Lektüre können die Kinder die unterschiedlich ausgefüllten Arbeitsblätter vergleichen und daran erkennen, wie sich Jakobs Gefühle und Gedanken im Laufe der Geschichte verändert haben.

KV Seite 15

Größer oder kleiner?

Auf diesem Blatt beschäftigen sich die Kinder mit den verschiedenen Wortarten. Sie kreisen die Adjektive ein und trainieren das Steigern. Darüber hinaus können sie auch die Wortarten Nomen und Verb markieren und weitere Adjektive im Heft steigern.

Lösung

Aufgabe 1:

groß, warm, kalt, klein

Aufgabe 2:

Molli ist klein.
Bubi ist kleiner.
Babsi ist am kleinsten.

Aufgabe 3:

z. B. Eine Kerzenflamme ist warm.
Ein Lagerfeuer ist wärmer.
Die Sonne ist am wärmsten.

KV Seite 16

Ins Gespräch kommen

Was Jakob erlebt, findet sich auch im Alltag der Kinder wieder. Die Schüler kennen die Situation, dass manche Kinder andere ausschließen und beschimpfen. Auf diesem Arbeitsblatt können sie sich mit verschiedenen Reaktionsmöglichkeiten auseinandersetzen.

Lösung

Aufgabe 1:

z. B. Hirten: „Verschwinde, du Zwerg! Du bist zu gar nichts nütze.“
Jakob: „Warum sagst du das? Ich kann auch helfen.“
Hirten: „Wie willst du denn helfen? Du bist zu klein und zu schwach. Du kannst nicht einmal Diebe vertreiben.“
Jakob: „Das stimmt, aber dafür kann ich lange Wache halten, ohne einzuschlafen.“

Aufgabe 2:

z. B. Hirten: „Vielleicht kannst du doch helfen. Setz dich zu mir.“
Jakob: „Danke, dass du mich jetzt auch ans Feuer lässt.“

Seite 10 bis 15: **Schattenspiele**

Inhalt

Jakobs wichtigster Besitz ist eine Kerze. In kalten Nächten zündet er sie an und wärmt sich daran. Als er zufällig herausfindet, dass er mit seinen Händen Schattenfiguren machen kann, weckt er voller Freude die großen Hirten. Die interessieren sich aber nicht für das Schattentheater und schimpfen.

Gesprächs- und Schreibanlässe

Jakob hat eine Kerze. Sie ist wie ein Schatz für ihn.

- Was ist dein größter Schatz?
- Warum ist dieser Gegenstand so wertvoll für dich?

Jakob weckt die Hirten, um ihnen das Schattentheater zu zeigen.

- Warum freuen sich die Hirten nicht darüber?
- Was hätte Jakob anders machen können?

Hinweise zu den Kopiervorlagen

Jakobs Geheimnis

Die Kinder lesen den zweiten Abschnitt des Buches und beantworten die Fragen zur Überprüfung des Textverständnisses. Das Lösungswort ergibt sich von hinten nach vorne, damit wirklich alle Fragen beantwortet werden.

Lösung

JAKOB SIEHT AUF DEN FELSEN <u>SCHATTEN</u>.

Schattenspiele

Die Kinder probieren in Partnerarbeit im abgedunkelten Klassenraum eigene Schattenspiele aus. Dabei werden aus Sicherheitsgründen statt Kerzen Taschenlampen verwendet. Die Schüler können zunächst frei experimentieren und dann versuchen, vorgegebene Figuren nachzustellen. Wenn das gut gelingt, können sie abschließend eine eigene Schattenfigur aufmalen und vorführen.

Welcher Schatten passt?

Die Kinder schulen ihre Wahrnehmung, indem sie die Figuren mit den Schatten vergleichen.

Lösung

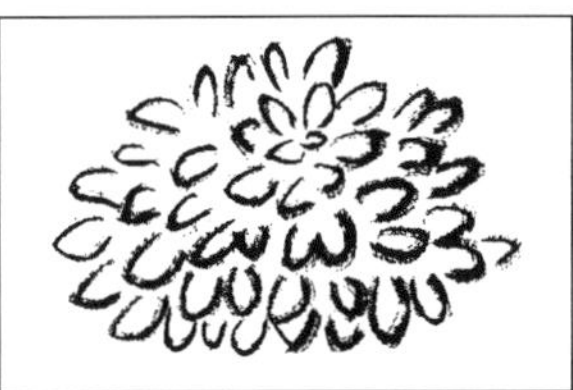

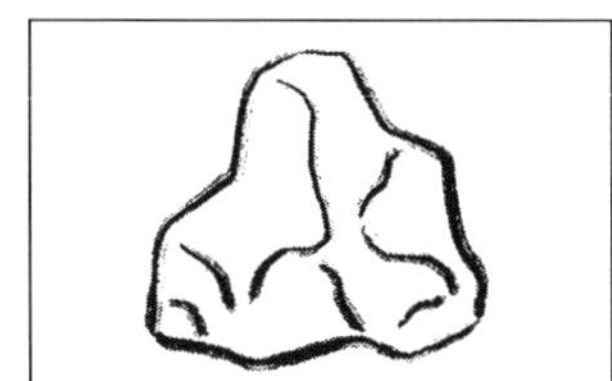

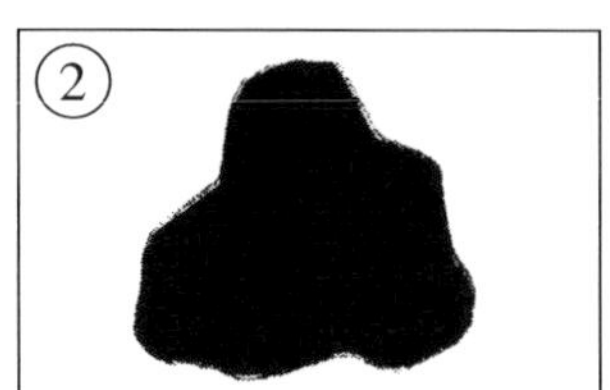

KV Seite 20

Großes Durcheinander

Die Schüler beschäftigen sich mit den Wortarten Nomen, Verb und Adjektiv. Vor der Bearbeitung dieses Arbeitsblatts kann kurz gemeinsam in der Klasse wiederholt werden, was bereits über die Wortarten bekannt ist und wie sich diese voneinander unterscheiden. Wenn die Schüler den Wortarten bestimmte Farben zugeordnet haben, bietet es sich an, dass sie die Wörter im Kasten mit diesen Farben unterstreichen und erst dann in die Tabelle eintragen.

Lösung

Aufgabe 1:
Nomen: Flamme, Hände, Kerze, Nacht, Schatten
Verb: erschrecken, schimpfen, wärmen, wecken, zeigen
Adjektiv: kalt, klein, laut, lustig, warm

Aufgabe 2:
Nomen schreiben wir groß.
Verben und Adjektive schreiben wir klein.

Aufgabe 3:
z. B. Der kleine Hund ruft die großen Hände. Das lustige Schaf schimpft mit der kalten Kerze. Der große Schatten sieht die warme Nacht.

Weiterer Unterrichtsvorschlag

Die Kinder führen den bisher bekannten Buchinhalt als Schattentheater auf. Als Leinwand kann dazu ein weißes Betttuch an einer Schnur im Klassenzimmer aufgespannt werden. Das Tuch wird von hinten mit einer starken Lampe bzw. einem Strahler beleuchtet. Die Hunde und Schafe werden von Kindern dargestellt, die auf allen Vieren laufen. Zur Unterscheidung der Tiere, werden für die Hunde spitze Ohren gebastelt. Dreiecke aus Pappe können dazu beispielsweise mit Klebstreifen an einfachen Haarreifen befestigt werden. Kinder, die Schafe spielen, werfen sich Tücher über den Rücken, um beim Schattenbild ein längeres Fell zu erhalten. Die großen Hirten tragen voluminöse Kleidung, z. B. mehrere Lagen übereinander. Das Kind, das den kleinen Hirten spielt, macht sich durch hängende Schultern und gesenkten Kopf sowie eng an den Körper genommene Arme möglichst klein. Für das Lagerfeuer wird ein dreieckiger Pappaufsteller gebastelt, an den große züngelnde Flammen geklebt werden.

Die Kinder bewegen sich zwischen Lampe und Tuch und versuchen, die Geschichte nur mit Gesten zu erzählen.

Seite 16 bis 21:
Der Engel

Inhalt

Jakob weckt die Hirten, weil es mitten in der Nacht taghell wird. Die Hirten schimpfen und wollen weiterschlafen. Da erscheint ein Engel und verkündet Jesu Geburt. Die Hirten fürchten sich, aber Jakob hat keine Angst.

Gesprächs- und Schreibanlässe

Ein Engel erscheint bei den Hirten.

- Kennst du noch andere Geschichten, in denen von Engeln erzählt wird?
- Würdest du auch gerne einmal einen Engel treffen? Erzähle.

Die Hirten fürchten sich vor dem Engel, nur Jakob hat keine Angst.

- Warum fürchten sich die Hirten?
- Warum hat Jakob keine Angst?
- Würdest du dich fürchten? Erkläre.

Hinweise zu den Kopiervorlagen

KV Seite 21

Ein Engel erscheint
Nachdem die Schüler den dritten Abschnitt der Lektüre gelesen haben, sollen sie hier entscheiden, welche Aussagen wahr und welche falsch sind. Dabei wird nicht nur das Textverständnis überprüft, sondern es ist erneut genaues Lesen erforderlich.

Lösung
Aufgabe 1:

	wahr	falsch
1. Jakob weckt die Hirten zum zweiten Mal, weil ein Schaf verschwunden ist.		X
2. Die Hirten sagen: „Na und? Lass uns schlafen!“	X	
3. Ein Engel kommt zu den Hirten.	X	
4. Jakob hat Angst. Die großen Hirten haben keine Angst.		X
5. Der Engel will, dass alle sich fürchten.		X
6. Der Engel verkündet: „Heute ist Jesus, der Retter, geboren!“	X	
7. Jakob ruft: „Lasst uns beten.“		X
8. Das Kind soll in eine Decke gewickelt sein.		X

Aufgabe 2:
JAKOB FÜRCHTET SICH NICHT.

Aufgabe 3:
Die großen Hirten haben Angst, weil sie noch nie einen Engel gesehen haben. Engel haben große Macht.

KV Seite 22

Engel
Oft werden Engel blond gelockt, mit weißem Kleid und Flügeln dargestellt. Die Kinder setzen sich anhand dieser Kopiervorlage mit verschiedenen Engelsbildern auseinander. Ergänzend zu den von den Schülern gezeichneten Engeln können Sie klassische und moderne Darstellungen aus verschiedenen Büchern anbieten. Die Diskussion kann dazu führen, dass die Kinder ihr eigenes Engelsbild hinterfragen und korrigieren. Wenn sie an ihrem Bild festhalten, ist das auch in Ordnung. Die Schüler sollen allerdings dazu angehalten werden, auch andere Darstellungen und Vorstellungen neben ihren eigenen gelten zu lassen und zu respektieren.

KV Seite 24

Was passiert hier?

Der Lektüreabschnitt enthält zahlreiche Verben, die zum Teil durch unregelmäßige Konjugation oder durch Doppelkonsonanten auffallen. Die unregelmäßigen Wortformen sollen den Kindern bewusst gemacht werden, indem sie an ausgewählten Beispielen das Beugen der Verben üben.

Lösung

Aufgabe 1:

werden, aufwachen, rufen, sein, brummen, lassen, schlafen, treten, sagen, fürchten, erschrecken, haben, sehen, verkünden, geboren sein, erklären, finden

Aufgabe 2:

ich lasse, du lässt, er/sie/es lässt, wir lassen, ihr lasst, sie lassen

ich trete, du trittst, er/sie/es tritt, wir treten, ihr tretet, sie treten

Aufgabe 3:

z. B. Ich wache um fünf Uhr auf. Du erklärst mir die Aufgabe. Wir fürchten uns vor dem Geist. Er sieht ein Schaf. Ihr ruft um Hilfe. Sie schlafen tief und fest.

Seite 22 bis 26:
Auf dem Weg

Inhalt

Jakob schlägt den Hirten vor, zum Stall zu gehen, um das neugeborene Kind zu sehen. Die Hirten folgen seinem Aufruf sofort. Im warmen, dunklen Stall finden sie Maria, Josef und das Jesuskind, das in der Krippe liegt. Ein Ochse und ein Esel sind auch da.

Gesprächs- oder Schreibanlass

Jakob schlägt den Hirten vor, zum Stall zu gehen.

- Warum möchte Jakob das Kind suchen?
- Wie kommt es, dass die Hirten Jakob diesmal folgen?

Hinweise zu den Kopiervorlagen

Das Kind im Stall

Die Schüler lesen den vierten Abschnitt der Lektüre. Anschließend ergänzen sie den Lückentext, der dazu dient, das Textverständnis zu überprüfen. Die zweite Aufgabe bietet eine Überleitung zur biblischen Erzählung, die an dieser Stelle aufgegriffen werden kann.

Lösung

Aufgabe 1:

Jakob ruft: „Lasst uns zu dem alten Stall gehen! Vielleicht finden wir dort das Kind." Da folgen die Hirten Jakob mit ihren Schafen und Hunden. In dem Stall ist es warm und dunkel. Ein Ochse und ein Esel fressen ihr Heu. Die Hirten finden Maria und Josef. In der Krippe liegt ein Baby. Das ist Jesus.

Aufgabe 2:

Maria und Josef waren auf dem Weg nach Nazareth. In der Herberge war kein Platz mehr. Sie bekamen nur einen Schlafplatz in einem Stall.

Miteinander auf dem Weg

Die Kinder probieren vor der Bearbeitung des Arbeitsblatts aus, wie man auf unterschiedliche Art gehen kann. Hier ist alles erlaubt, von kriechen und krabbeln über schlendern bis springen. Zur Beschreibung der Gangarten suchen sie nach geeigneten Begriffen. Daraus ergibt sich dann die Lösung für Aufgabe 1.

Lösung

Aufgabe 1:

z. B. hüpfen, kriechen, laufen, rennen, schleichen, schlendern, schlurfen, schreiten, springen, spurten, stolzieren, tänzeln, trippeln

Gespräche auf dem Weg

Die Kinder sollen sich in die Situation der Hirten auf dem Weg zum Stall hineinversetzen und dazu einen Dialog formulieren. Im Anschluss können sie die Situation nachspielen, sich verkleiden und sich miteinander auf den Weg machen, z. B. über den Schulflur oder über den Schulhof. Bei einem längeren Weg können die Schüler den zuvor festgehaltenen Dialog variieren und durch Improvisation ausbauen.

Beispiellösung

Weiterer Unterrichtsvorschlag

Gestalten Sie mit den Schülern eine Krippe für die Klasse, z. B. aus Papier und Pappe oder aus Holz und Modelliermasse. Dazu können die Kinder im Vorfeld verschiedene Krippendarstellungen betrachten und diese vergleichen. Eventuell ist dies sogar in einer Ausstellung vor Ort möglich. Auch ein Unterrichtsgang zu verschiedenen Krippen in Kirchen ist denkbar. Alternativ bieten sich Abbildungen unterschiedlicher Krippentypen aus Büchern oder aus dem Internet an.

Seite 27 bis 32:
Das Geschenk

Inhalt

Den Hirten fällt ein, dass sie kein Geschenk für das Jesuskind dabeihaben. Jakob kommt seine Kerze in den Sinn, die sein größter Schatz ist. Er läuft schnell zum nächsten Bauernhaus, um sie dort am Herdfeuer anzuzünden. Die brennende Kerze stellt er neben die Krippe. Er sagt zu Jesus, dass das Licht ein Geschenk der Hirten sei. Das Neugeborene lächelt Jakob an.

Gesprächs- und Schreibanlässe

Jakob sagt, das Licht sei ein Geschenk der Hirten.

- Die Kerze gehört Jakob und ist sein Schatz. Warum sagt er trotzdem, dass das Licht ein Geschenk von allen Hirten ist?
- Wie reagieren die Hirten?

Jesus lächelt Jakob an.

- Warum lächelt Jesus?
- Wie fühlt sich Jakob, als Jesus ihn anlächelt?

Hinweise zu den Kopiervorlagen

KV Seite 27 **Auf dem richtigen Weg?**
Nachdem die Kinder den letzten Abschnitt der Lektüre gelesen haben, können Sie mit dieser Kopiervorlage das Textverständnis überprüfen. Dabei müssen die Schüler den Signalwörtern aus dem Buch folgen, um auf dem korrekten Weg durch das Labyrinth zu kommen.

Lösung
Aufgabe 1:

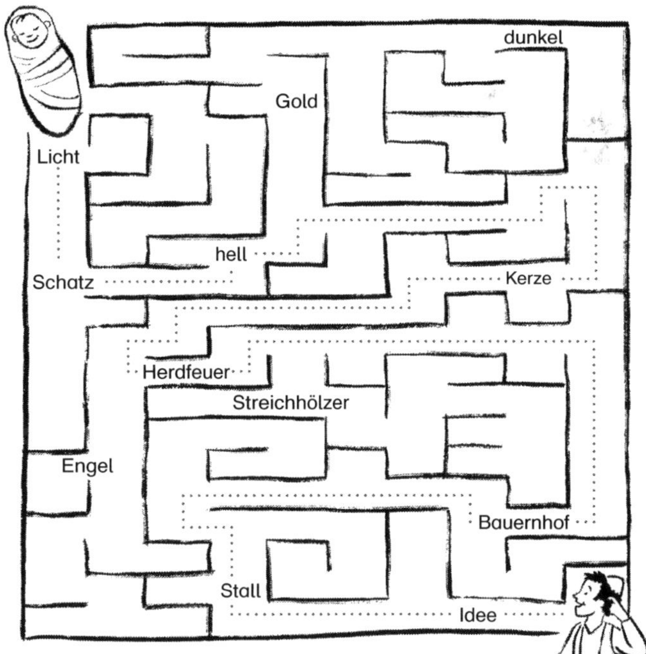

KV Seite 28 **Das Geschenk**
Mit diesem Blatt trainieren die Schüler den Aufbau von Wörtern und das Beugen von Verben.

Lösung
Aufgaben 1 und 2:
Geschenk, Geschenken, Geschenke, beschenken, beschenkt, beschenke, beschenkst, verschenken, verschenkt, verschenke, verschenkst, schenken, schenkt, schenke, schenkst

Aufgabe 3:
Ich verschenke. Sie verschenken.
Wir beschenken. Du beschenkst.
Ihr schenkt. Er schenkt.

KV Seite 29 **Der Bauernhof**
Hier beschäftigen sich die Kinder mit dem Thema Bauernhof. Sie können vorbereitend aufzählen, welche Tiere auf einem Bauernhof leben, und von Ausflügen auf Bauernhöfe berichten. Besprechen Sie mit den Kindern dabei auch, dass Lamas und Alpakas bei uns zwar keine typischen Nutztiere sind, aber immer häufiger auf Bauernhöfen gehalten werden.

Thematisieren Sie nach der Bearbeitung des Arbeitsblatts mit den Schülern, welche Tiere es eventuell auf dem Bauernhof bei Bethlehem gab und welche nicht. Die Bevölkerung der Stadt gehörte zu dieser Zeit größtenteils dem Judentum an. Aufgrund der jüdischen Speisegesetze wurde eine ganze Reihe von Tieren als Nahrung ausgeschlossen. Dazu gehörten unter anderem Schweine, Hasen und Kaninchen, die genau zu diesem Zweck heute auf Bauernhöfen bei uns gehalten werden.

Lösung
Aufgaben 1 und 2:
Ente, Esel, Hase/Kaninchen, Huhn, Hund, Katze, Lama, Pferd, Rind, Schaf, Schwein, Ziege

Nach der Lektüre

Gesprächs- und Schreibanlässe

Am Ende der Geschichte sind die großen Hirten stolz auf Jakob.
- Warum hat sich ihre Meinung über Jakob geändert?
- Wärst du auch gerne mit Jakob zur Krippe gegangen?

Bevor du mit dem Lesen des Buches angefangen hast, hast du über seinen Inhalt nachgedacht.
- Vergleiche deine Ideen vom Anfang mit der Geschichte, die du jetzt kennst. Was ist gleich, was ist anders?
- Wie hat dir die Geschichte gefallen? Welches ist deine Lieblingsstelle? Wo würdest du etwas ändern?
- Wenn du der Geschichte noch etwas hinzufügen könntest, was wäre das?

Hinweise zu den Kopiervorlagen

KV Seite 30–32 **Krippenspiel**
Sie können das Krippenspiel leicht an die Gruppengröße Ihrer Klasse anpassen, indem Sie entsprechend viele Schafe und Hirten einplanen. Außerdem ist es möglich, Personen auf dem Bauernhof hinzuzufügen.

Die Kinder können sich mit Kostümen aus dem Theaterfundus verkleiden. Alternativ lassen sich einfache Kostüme aus Tüchern und Decken improvisieren. Stellen Sie für die Schafe Masken aus Papptellern her, die am Rand mit Watte oder Wolle beklebt werden.

Das Lagerfeuer lässt sich beispielsweise durch einen mit roten, orangen und gelben Tüchern bedeckten Hocker darstellen.

Weiterführende Anregung
Die Kinder können das Krippenspiel selbst weiterschreiben oder verändern. Anstatt das Krippenspiel als Theaterstück vor Publikum aufzuführen, können Sie die Aufführung der Schüler filmen und dabei die Vorteile des Schneidens nutzen. Bereichern Sie den selbst erstellten Film beispielsweise mit Lesungen aus der Bibel, Einblendungen von selbst gemalten Bildern der Kinder und Weihnachtsliedern.

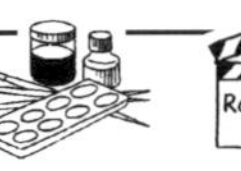

Name: ______________________

lesen schreiben sprechen malen vorspielen forschen rätseln

Jakob

Jakob ist der kleinste von den Hirten. Die großen Hirten wollen ihn nicht bei sich haben.

Kreuze die richtigen Sätze an. Trage danach die angekreuzten Buchstaben unten in die Kästchen ein.

Lies auf den Seiten 5 bis 9 nach.

S Die Hirten hüten ihre Schafe.
J Die Hirten hüten ihre Schale.

C Jakob ist der kleinste Hirte.
S Jakob ist der größte Hirte.

C Morgens setzen sich die großen Hirten ans Feuer.
H Abends setzen sich die großen Hirten ans Feuer.

O Jakob will nicht am Feuer sitzen.
U Jakob will auch am Feuer sitzen.

B Die großen Hirten beschimpfen Jakob.
P Jakob beschimpft die großen Hirten.

S Nur die Schafe und Hunde haben Jakob gern.
Z Nur die Schafe und Kamele haben Jakob gern.

I Jakob zittert vor Angst.
E Jakob zittert vor Kälte.

M Jakob wärmt sich am Feuer.
N Jakob wärmt sich an den Schafen und Hunden.

Was machen die großen Hirten?

SIE ☐ ☐ ☐ ☐ ☐ ☐ ☐ ☐ JAKOB WEG.

Name:

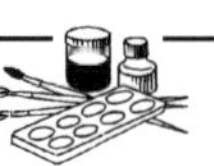

lesen **schreiben** sprechen malen vorspielen forschen rätseln

Das Leben der Hirten

Lies den Text.

Das Leben der Hirten zur Zeit Jesu

Der Beruf des Hirten war sehr wichtig. Trotzdem hatten die meisten Leute keine gute Meinung von ihnen. Die Hirten waren arm. Sie wohnten in Zelten und hüteten fremde Schafe und Ziegen.
Tagsüber waren die Tiere auf der Weide und fraßen Gras. Die Hirten achteten darauf, dass kein Schaf und keine Ziege verloren gingen. Abends trieben die Hirten die Tiere dicht zusammen. So konnten sie besser aufpassen, wenn ein Dieb oder ein Raubtier kam. Die Hirten machten ein Feuer, um Essen zu kochen. Das Feuer wärmte auch und hielt wilde Tiere ab.
Sobald die Schafe das Gras an einer Stelle abgefressen hatten, mussten die Hirten weiterziehen. Deshalb blieben sie nie lange an einem Ort.

Beantworte die Fragen in ganzen Sätzen.

1. Was sind die Aufgaben der Hirten?

2. Ist es wichtig, dafür groß und stark zu sein?

Name: 

 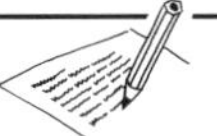  

lesen **schreiben** **sprechen** malen vorspielen forschen rätseln

Wärme

Was macht warm? Kreise rot ein.

Feuer Wärmflasche Obstsalat Kerze Freundschaft
Gras Nähe Liebe Familie
Badeanzug Umarmung Heizung Einsamkeit Schafe
Regen Freude Traurigkeit

Sortiere die Wörter der ersten Aufgabe. Sprich dann mit dem Kind neben dir über eure Ergebnisse.

Warm wie Feuer: ____________________

____

____

Warm wie Liebe: ____________________

____

____

Name:

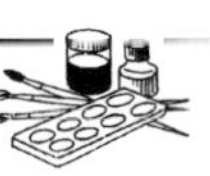

lesen **schreiben** sprechen malen **vorspielen** forschen rätseln

Jakobs Gefühle

Lies auf den Seiten ___ bis ___ nach. Schreibe in die Sprechblase, was die anderen zu Jakob sagen.

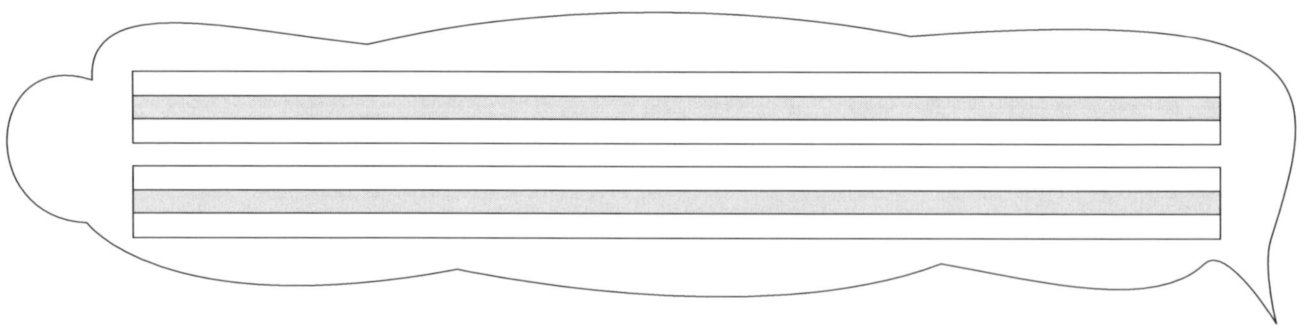

Was denkt Jakob? Wie fühlt er sich? Schreibe auf.

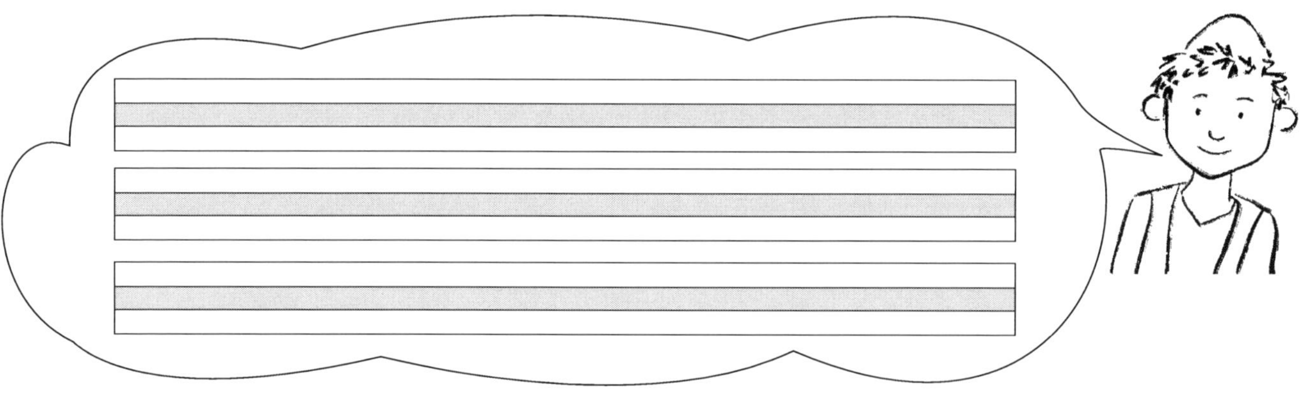

Hast du dich auch schon einmal so gefühlt wie Jakob? Wann war das? Schreibe auf.

Name:

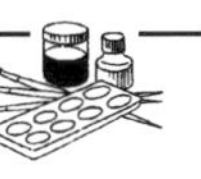

lesen **schreiben** sprechen malen vorspielen **forschen** rätseln

Größer oder kleiner?

Kreise alle Adjektive ein.

Bethlehem hüten Hirten Schafe setzen groß klein rufen verschwinden *kalt* warm

Ergänze die Sätze. Verwende das Adjektiv „klein“ und seine Steigerungsformen.

Molli ist ______________.

Bubi ist ______________.

Babsi ist ______________.

Such dir ein anderes Adjektiv von Aufgabe 1 aus. Steigere es und bilde mit jeder Form einen Satz. Schreibe auf.

Name:

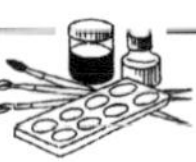
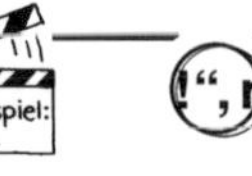

lesen schreiben sprechen malen vorspielen forschen rätseln

Ins Gespräch kommen

Überlege dir ein Gespräch zwischen Jakob und einem der Hirten. Male die Sprechblasen an, die du verwenden willst. Fülle die Lücken.

Verschwinde, du Zwerg! Du bist zu gar nichts nütze.

Du bist gemein!

Warum sagst du das? Ich kann auch helfen.

Du hast recht. Ich lasse dich in Ruhe.

Wie willst du denn helfen? Du bist zu klein und zu schwach. Du kannst nicht einmal ______________________.

Das stimmt, aber dafür kann ich ______________________ ______________________.

Wie könnte das Gespräch weitergehen? Schreibe in dein Heft, was der Hirte und Jakob nun sagen.

Spielt die Szene in der Klasse nach. Wie fühlt sich Jakob am Ende? Sprecht darüber.

Name:

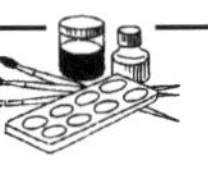

lesen schreiben sprechen malen vorspielen forschen rätseln

Jakobs Geheimnis

Kreuze bei jeder Frage die richtige Antwort an. Die Buchstaben in Klammern ergeben von hinten nach vorne ein Lösungswort.

Lies auf den Seiten 10 bis 15 nach.

1. Was ist Jakobs Geheimnis?
   - ☐ Er hat eine Kerze. (N)
   - ☐ Er hat ein Feuerzeug. (K)
   - ☐ Er hat ein eigenes Schaf. (H)

2. Wann zündet Jakob seine Kerze an?
   - ☐ Sobald es dunkel ist. (U)
   - ☐ In kalten Nächten. (E)
   - ☐ Wenn ihm langweilig ist. (M)

3. Wie zündet Jakob seine Kerze an?
   - ☐ Mit einem Feuerzeug. (I)
   - ☐ Mit einem Streichholz. (B)
   - ☐ Am Feuer. (T)

4. Was entdeckt Jakob, als er die Hand neben die Flamme hält?
   - ☐ Seine Hände werden warm. (R)
   - ☐ Er sieht lustige Schatten auf dem Felsen. (T)
   - ☐ Er sieht lustige Schafe auf dem Felsen. (C)

5. Was ist zu sehen, wenn Jakob die Hände richtig hält?
   - ☐ Der Kopf eines Hundes. (A)
   - ☐ Der Kopf eines Schafes. (D)
   - ☐ Der Kopf eines Hirten. (L)

6. Wie helfen Jakob die Schattentiere?
   - ☐ Jakob hat keine Angst mehr. (K)
   - ☐ Ihm wird warm. (O)
   - ☐ Jakob fühlt sich nicht so allein. (H)

7. Warum weckt Jakob die großen Hirten?
   - ☐ Es brennt. (I)
   - ☐ Er möchte ihnen sein Schattentheater zeigen. (C)
   - ☐ Er möchte die großen Hirten ärgern. (S)

8. Wie verhalten sich die großen Hirten?
   - ☐ Sie freuen sich und staunen über Jakobs Schattenspiele. (R)
   - ☐ Sie erschrecken erst und werden dann wütend. (S)
   - ☐ Sie sagen Jakob, dass er schlafen gehen soll. (D)

JAKOB SIEHT AUF DEN FELSEN ☐☐☐☐☐☐☐☐.

Name:

lesen schreiben sprechen **malen** **vorspielen** **forschen** rätseln

Schattenspiele

Kannst du Schattentheater spielen? Du brauchst eine Taschenlampe und ein Partnerkind. Dein Partner leuchtet mit der Lampe auf die Wand. Du hältst deine Hände dazwischen. Bewege die Finger und schau, was passiert.

Welche dieser Schattentiere kannst du mit deinen Händen machen? Probiere aus. Kreuze an.

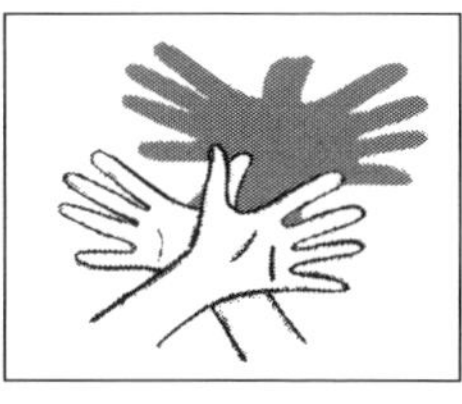 ☐
 ☐
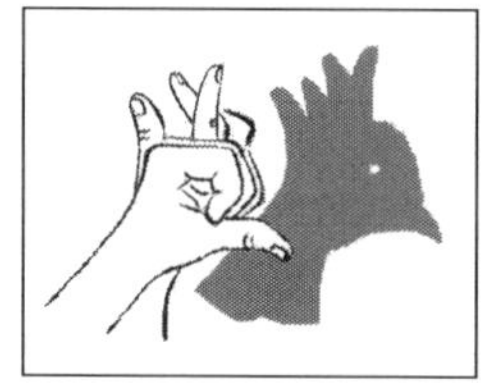 ☐
 ☐
 ☐

Welche Schattenfigur kannst du machen, die hier nicht abgebildet ist? Zeichne den Schatten. Führe die Figur der Klasse vor.

Name:

Welcher Schatten passt?

Welcher Schatten ist der richtige? Kreuze an.

	①	②	③
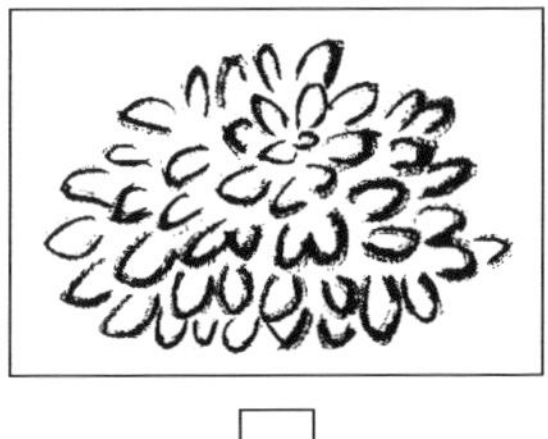 ☐	 ☐	 ☐	 ☐
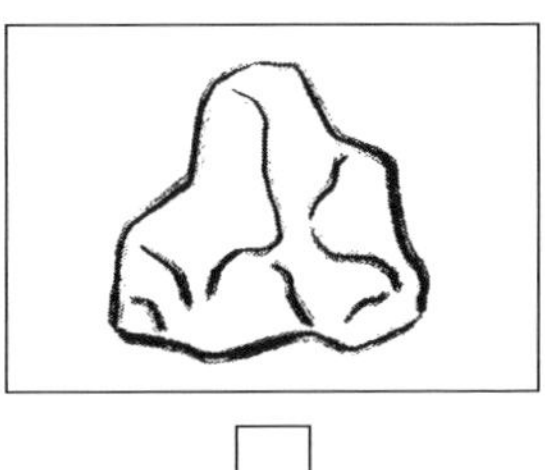 ☐	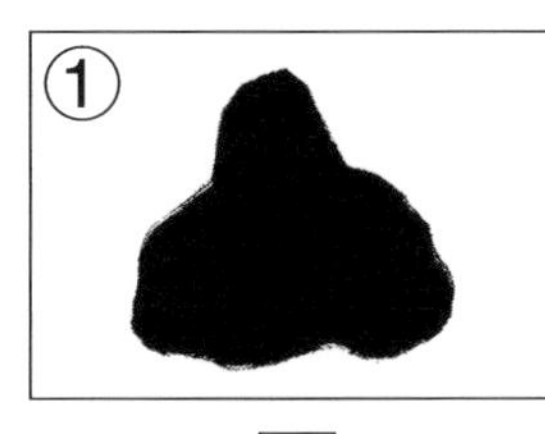 ☐	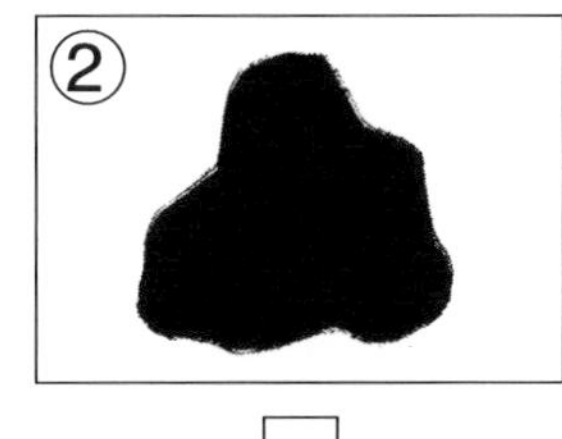 ☐	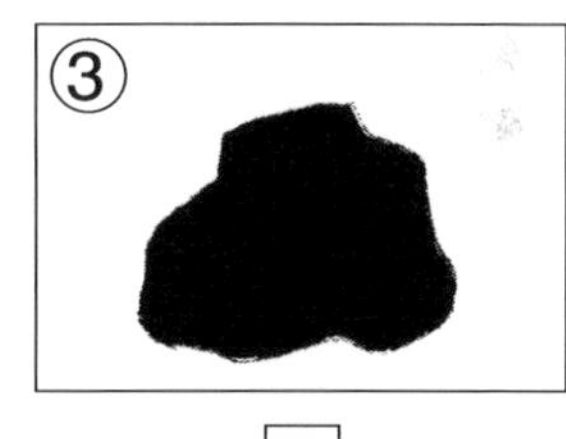 ☐
 ☐	 ☐	 ☐	 ☐
 ☐	 ☐	 ☐	 ☐
 ☐	 ☐	 ☐	 ☐

Name:

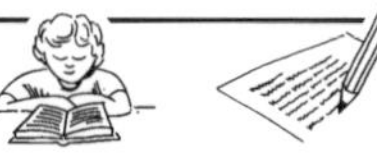

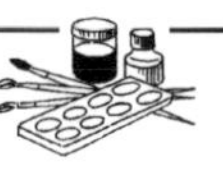

lesen **schreiben** sprechen malen vorspielen **forschen** rätseln

Großes Durcheinander

Sortiere die Wörter richtig in die Tabelle ein.

Nacht lustig erschrecken laut Hände wärmen Kerze schimpfen warm kalt wecken Schatten zeigen Flamme

Nomen	Verb	Adjektiv

Ergänze die Regel.

Nomen schreiben wir ______________.

Verben und Adjektive schreiben wir ______________.

Bilde drei Quatschsätze mit Wörtern aus der Tabelle. Schreibe sie in dein Heft. Beispiel: Der Schatten wärmt die kalte Kerze.

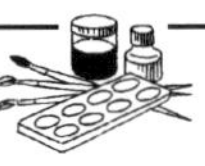

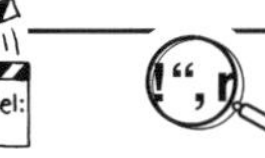

Name:

lesen **schreiben** sprechen malen vorspielen forschen rätseln

Ein Engel erscheint

Richtig oder falsch? Lies die Sätze. Kreuze an.

Lies auf den Seiten 16 bis 21 nach.

	wahr	falsch
1. Jakob weckt die Hirten zum zweiten Mal, weil ein Schaf verschwunden ist.	H	F
2. Die Hirten sagen: „Na und? Lass uns schlafen!“	Ü	O
3. Ein Engel kommt zu den Hirten.	R	L
4. Jakob hat Angst. Die großen Hirten haben keine Angst.	P	C
5. Der Engel will, dass alle sich fürchten.	E	H
6. Der Engel verkündet: „Heute ist Jesus, der Retter, geboren!“	T	R
7. Jakob ruft: „Lasst uns beten.“	I	E
8. Das Kind soll in eine Decke gewickelt sein.	G	T

Trage die angekreuzten Buchstaben ein.

JAKOB ☐☐☐☐☐☐☐☐ SICH NICHT.

Die großen Hirten fürchten sich vor dem Engel. Warum? Schreibe auf.

Name:

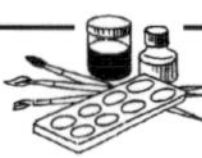

lesen **schreiben** **sprechen** **malen** vorspielen forschen rätseln

Engel

Wie sieht ein Engel aus? Zeichne.

Vergleiche dein Bild mit den Bildern der anderen Kinder. Was fällt dir auf? Schreibe.

In der Bibel ist es nicht so wichtig, wie Engel aussehen. Es ist wichtig, was Engel tun. Lies die Bibelstellen.

Gott wird deinen Weg segnen
und seinen Engel vorausschicken,
sodass dir alles gelingt. (1. Mose 24, 40)

Und ein Engel
erschien ihm vom Himmel
und gab ihm neue Kraft. (Lukas 22, 43)

Denn der Herr hat seinen Engeln befohlen,
dass sie dich behüten
auf allen deinen Wegen. (Psalm 91, 11)

Welche Bibelstelle gefällt dir am besten? Warum? Besprich dich mit einem Partnerkind.

Name:

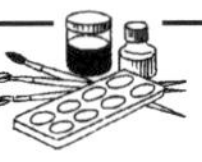

lesen **schreiben** sprechen malen vorspielen **forschen** rätseln

Was passiert hier?

Auf den Seiten 16 bis 21 im Buch kommen viele Verben vor. Schreibe sechs davon in ihrer Grundform auf.

Für jede Person brauchst du eine passende Form des Verbs. Trage ein.

lassen	
ich	
du	
er / sie / es	
wir	
ihr	
sie	

treten	
ich	
du	
er / sie / es	
wir	
ihr	
sie	

Schreibe mit jedem Wort von Aufgabe 1 einen Satz in dein Heft. Verwende unterschiedliche Personen. Achte auf die richtige Form des Verbs.

Name:

lesen | schreiben | sprechen | malen | vorspielen | forschen | rätseln

Das Kind im Stall

Lies den Text. Schreibe die Wörter richtig auf.

Achte auf Groß- und Kleinschreibung.

Jakob ruft: „Lasst uns zu dem alten ______ (ASTLL) gehen! Vielleicht finden wir dort das ______ (INDK).“

Da folgen die ______ (IHTREN) Jakob mit ihren ______ (ASCHFEN) und ______ (UNDHEN).

Im Stall ist es ______ (MAWR) und ______ (UNKDEL). Ein ______ (SOCHE) und ein ______ (LESE) ______ (NESSREF) ihr Heu.

Die Hirten finden ______ (RAMIA) und Josef. In der Krippe liegt ein ______ (ABBY). Das ist ______ (SEJUS).

Kennst du die Geschichte von Jesus, Maria und Josef?
Warum kam Jesus in einem Stall auf die Welt? Schreibe auf.

Name:

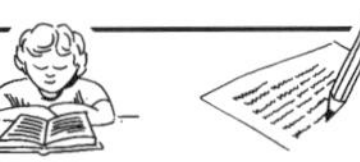

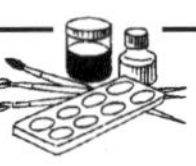

lesen | **schreiben** | **sprechen** | malen | **vorspielen** | **forschen** | rätseln

Miteinander auf dem Weg

Jakob und die Hirten gehen zum Stall.

Welche Wörter kann man statt „gehen“ verwenden? Schreibe auf.

gehen

Wie sind Jakob und die Hirten unterwegs zur Krippe? Geht Jakob anders als die Hirten? Wie bewegen sich die Schafe und Hunde? Probiert verschiedene Arten aus, den Weg zurückzulegen.

Wie fühlten sich die Wege an? Welche Fortbewegung hat dir am besten gefallen? Warum? Sprich mit einem Partnerkind darüber.

Name:

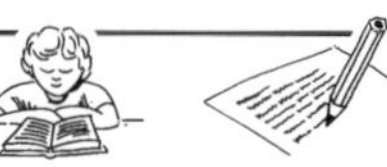

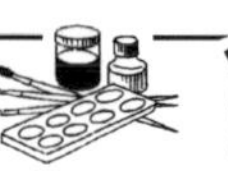

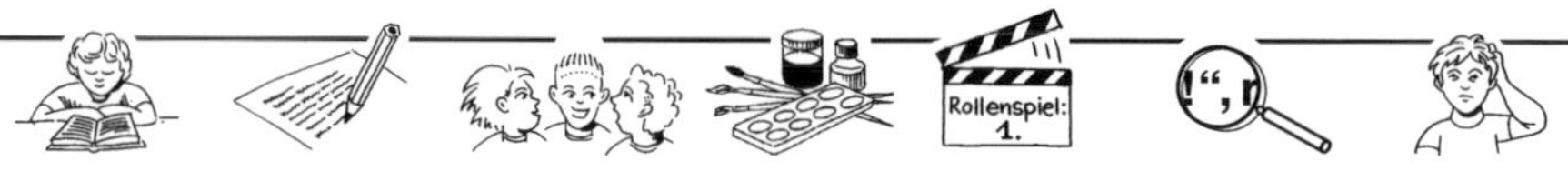

lesen **schreiben** sprechen malen vorspielen forschen rätseln

Gespräche auf dem Weg

Jakob und die anderen Hirten machen sich auf den Weg zum Stall.

Worüber könnten Jakob und die Hirten sprechen? Schreibe auf.

Name:

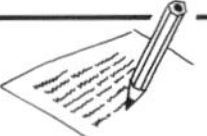

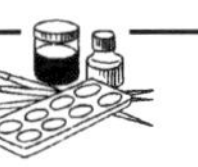
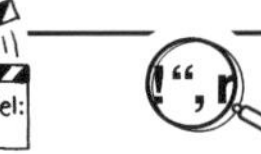

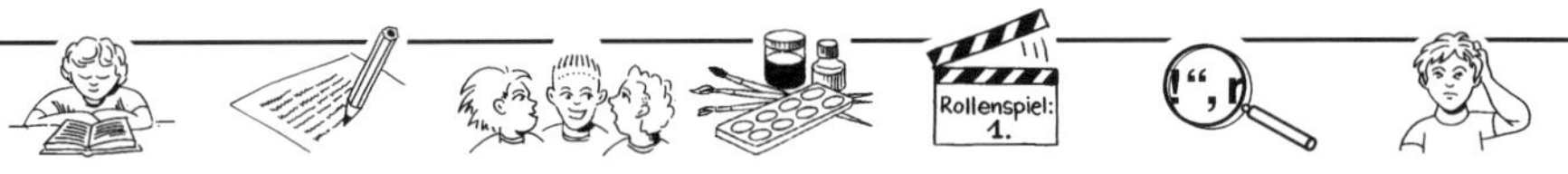

lesen schreiben **sprechen** malen vorspielen forschen **rätseln**

Auf dem richtigen Weg?

Welchen Weg geht Jakob auf der Suche nach einem Geschenk? Die Wörter aus dem Buch zeigen ihn dir. Zeichne ihn ein.

Lies auf den Seiten 27 bis 32 nach.

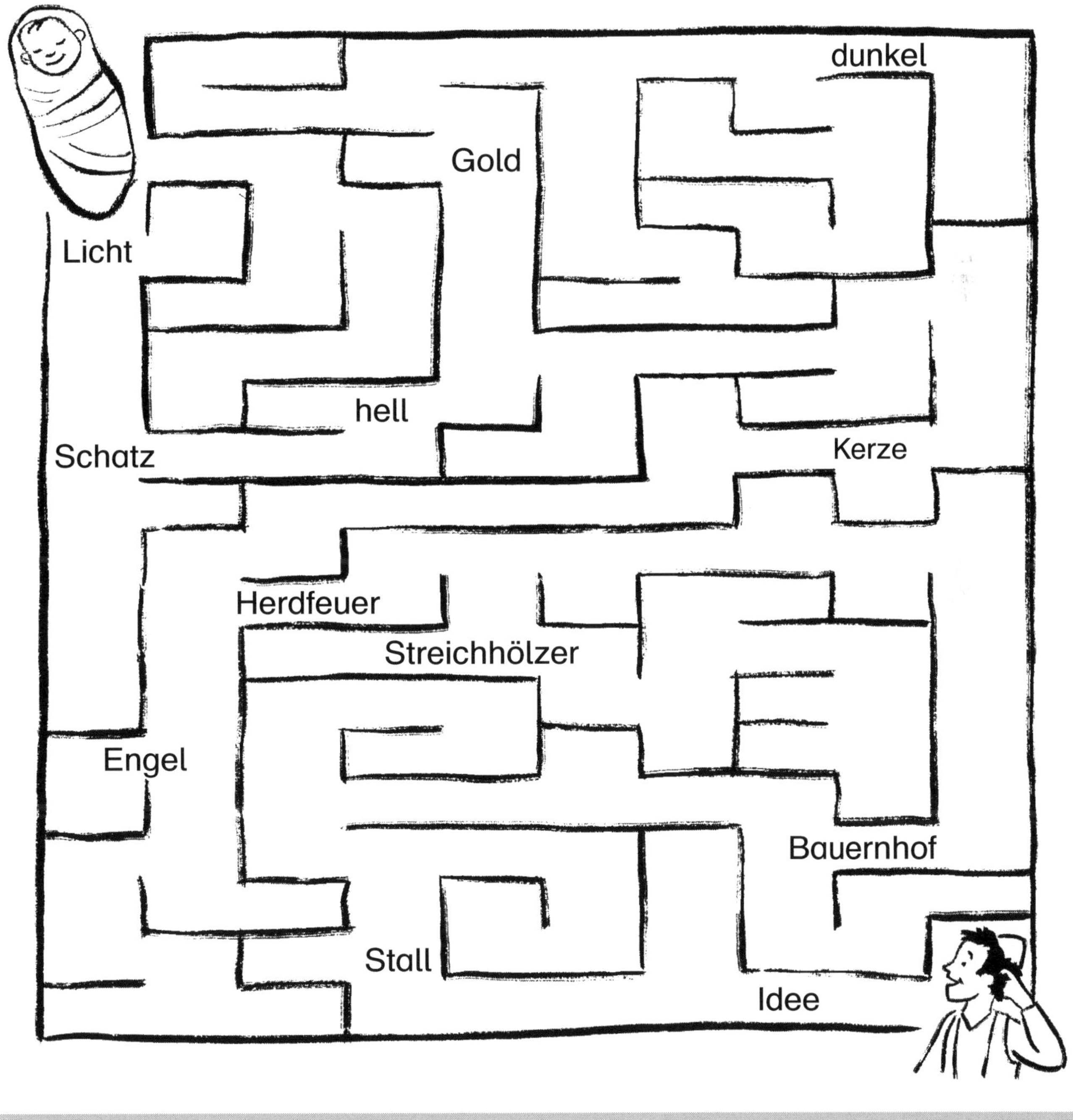

dunkel

Gold

Licht

hell

Schatz

Kerze

Herdfeuer

Streichhölzer

Engel

Bauernhof

Stall

Idee

Jakob hat seinen größten Schatz verschenkt. Welches Geschenk würdest du Jesus geben? Besprich dich mit einem Partnerkind.

Name:

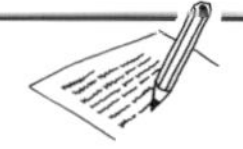

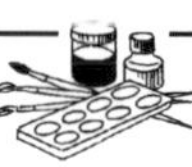

lesen **schreiben** sprechen malen vorspielen **forschen** rätseln

Das Geschenk

Bilde möglichst viele Wörter und Wortformen. Schreibe auf.

Ge- be- ver-	-schenk-	-en -t -e -st

Kreise oben die Nomen ein.

Verbinde die Person mit der richtigen Form des Verbs.

Ich •	• verschenkt. • verschenke.	Sie •	• verschenke. • verschenken.
Wir •	• beschenken. • beschenkt.	Du •	• beschenkst. • beschenkt.
Ihr •	• schenkst. • schenkt.	Er •	• schenkt. • schenken.

Name:

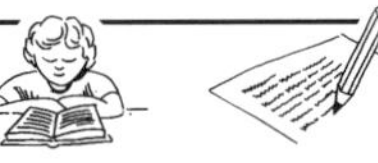

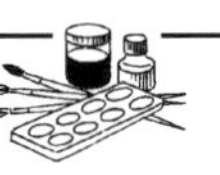

lesen **schreiben** sprechen malen **vorspielen** forschen **rätseln**

Der Bauernhof

Jakob läuft zu einem Bauernhof.

Welche Tiere leben auf einem Bauernhof? Kreise ein.

Schreibe die Tiere auf, die du oben eingekreist hast.

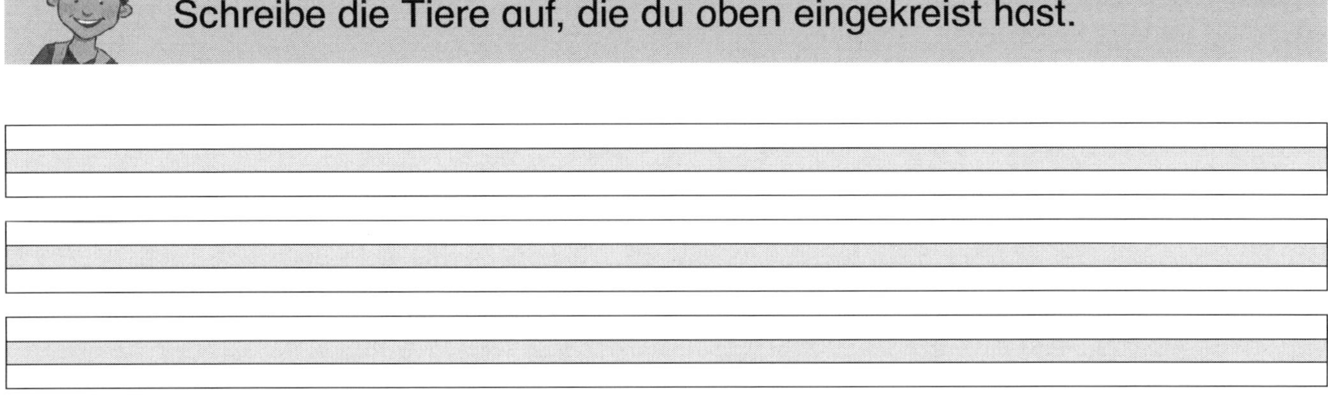

Such dir ein Tier aus. Stelle es pantomimisch vor der Klasse dar. Das Kind, das dein Tier erraten hat, ist als Nächstes dran.

Krippenspiel (1)

Rollen:
Jakob, Hirten *(mindestens drei)*, Engel, Schafe, Hunde, Maria, Josef, Ochse, Esel

(Jakob und die anderen Hirten hüten ihre Schafe.)

Hirte 1: Es wird Abend.
Hirte 2: Lasst uns ein Feuer machen.
Hirte 3: Ja, das ist eine gute Idee!

(Die Hirten setzen sich ums Lagerfeuer. Jakob nähert sich vorsichtig.)

Jakob: Ich möchte mich auch am Feuer wärmen.
Hirten: Verschwinde, du Zwerg! Du bist zu gar nichts nütze.

(Die großen Hirten schubsen Jakob zur Seite. Er geht traurig weg.)

Jakob: Mir ist so kalt! Warum sind die Hirten so gemein zu mir?

(Jakob setzt sich auf den Boden. Er zittert vor Kälte. Die Schafe und Hunde kommen, um ihn zu wärmen.)

Jakob: Ihr Schafe und Hunde habt mich gern. Danke, dass ihr mich so schön wärmt.

(Die großen Hirten schlafen ein.)

Jakob: Psst, leise! Die anderen Hirten schlafen! Jetzt zeige ich euch meinen Schatz.

(Jakob holt eine Kerze aus seiner Hosentasche. Er zeigt sie den Tieren.)

Jakob: Ich werde meine Kerze am Feuer anzünden. Verratet mich bitte nicht!

(Jakob schleicht leise zum Feuer und zündet seine Kerze an.)

Krippenspiel (2)

(Jakob schleicht zurück zu seinem Platz. Er stellt die Kerze ab und wärmt seine Hände daran. Da entdeckt er den Schatten seiner Hände. Bald kann er mit einer Hand einen Schatten machen, der aussieht wie ein Hundekopf.)

Jakob: Oh, schaut! Der Schatten sieht aus wie ein Hundekopf! Das muss ich den anderen zeigen! Die werden staunen! *(laut zu den Hirten)* AUFWACHEN!

(Die Hirten zucken zusammen und wachen auf. Sie sind ganz verwirrt.)

Hirte 1: Was war das?
Hirte 2: Was ist los?
Hirte 3: Was ist passiert?
Jakob: Es ist nichts Schlimmes passiert. Ich will euch nur mein Schattentheater zeigen. Schaut mal! Ich kann mit meiner Hand einen Hundekopf machen.
Hirte 1: Du Taugenichts! Dafür weckst du uns?
Hirte 2: Lass uns in Ruhe!
Hirte 3: Wir wollen schlafen!

(Die Hirten legen sich wieder hin. Jakob kehrt zu seinem Platz zurück. Plötzlich wird es taghell.)

Jakob: Was ist das? Ist es denn schon morgen? Nein, es ist noch mitten in der Nacht. Was ist los? Ich muss die anderen Hirten wecken. *(laut zu den Hirten)* AUFWACHEN!

(Die Hirten zucken zusammen und wachen auf. Sie sind ganz verwirrt.)

Hirte 2: Was war das?
Hirte 3: Was ist los?
Hirte 1: Was ist passiert?
Jakob: Es ist plötzlich ganz hell geworden.
Hirte 1: Na und?
Hirte 2: Lass uns schlafen.
Hirte 3: Du kleiner, dummer Hirte!

Krippenspiel (3)

(Ein Engel erscheint.)

Engel: Fürchtet euch nicht!
Hirten: *(aufgeregt und ängstlich)* Was ist das? Wer ist das?
Jakob: *(ruhig)* Bleibt ruhig! Ihr müsst keine Angst haben.
Engel: Ich verkünde euch eine große Freude! Heute ist Jesus, der Retter, geboren! Ihr werdet das Kind in Windeln gewickelt in einer Krippe finden.
Jakob: Lasst uns zu dem alten Stall gehen! Vielleicht finden wir dort das Kind.

(Jakob, die Hirten, Schafe und Hunde gehen zum Stall. Im Stall fressen ein Ochse und ein Esel Heu. Maria sitzt im Stroh. Neben ihr steht Josef.)

Jakob: Da, schaut! In der Krippe schläft ein Baby.
Maria: Mein Baby heißt Jesus. Er ist heute Nacht auf die Welt gekommen.
Hirten: *(aufgeregt, leise)* Wir haben gar kein Geschenk für das Kind.
Jakob: Ich habe eine Idee!

(Jakob läuft aus dem Stall und zum nächsten Bauernhof.)

Jakob: Da, ein Bauernhof! Ich zünde meine Kerze am Herdfeuer an.

(Jakob geht mit der brennenden Kerze zurück zum Stall.)

Jakob: Schaut, ich habe meine Kerze angezündet.

Hirte 1: *(staunend)* Jakob hat eine Kerze.
Hirte 2: Schaut, wie hell es jetzt im Stall ist.

(Jakob stellt seine Kerze vor die Krippe.)

Jakob: Dieses Licht schenken dir die Hirten, kleiner Jesus.
Maria: Schau, Jakob! Jesus lächelt dich an. Wir danken dir.

(Alle singen gemeinsam ein Weihnachtslied.)

